아버지의 원대로

도 서 출 판 말 씀

치렁 치렁
마음으로 엮여온 시집이
다섯번째로

한 생애가
영혼이 가장 사모하는 님께
바칩니다

도서출판말씀시선.4

정연홍 시집

|시인의 말|

'아버지의 원대로' (막14:36)는
아들의 절창입니다

예수의 시는
하나님은 아버지이고

아버지의 소원을 이루기 위해
자신을 버린
사랑의 완성입니다

아버지가 아들의 전부였듯이
아들도 아버지의 전부였습니다

우리에게도 예수의 아버지만이 우리의 아버지가 될 수 있고
하나님의 아들인 예수만이 우리의 구세주가 될 수 있음은

신이 아들을 통해 화목제가 되었을 뿐만 아니라
자신을 못 박은 모든 사람을 품어주기 때문입니다

하나님의 사랑은 영원하여 헤아릴 길이 없고
인간의 사랑은 바람같아 잡을 것이 없지만

한 올 실낱같은 우리의 사랑도
하나님의 사랑과 묶이면 황금실로 풀려

말씀의 등불을 켜고 사랑이신 그분과 함께
시 한 줄로 밤이 깊어졌고 새벽이 열렸습니다

언제나 제 시와 작품을 따뜻하게 여며 주시는
김상길 시인의 시평은 새벽 이슬처럼 아름답습니다

이 책의 표지와 디자인과 편집에는
유화선 발행인의 정성과 눈물이 진주처럼 고여있습니다

기도가 일렁이는 그의 표지 그림 '평화가 흐르는 나라' 에는
이랑 이랑 통일의 물결이 흘러온 하늘을 시로 적십니다

말씀으로 시를 쓰게 하시고
시로써 기도하게 하심으로
원 없이 살게해 주신 분께
마음꽃 한 다발 드립니다.

시가 부슬부슬 내리는 삼월에
정연홍

|차례|

묶음1

묶음2

묶음3

묶음4

묶음5

묶음6

묶음7

묶음8

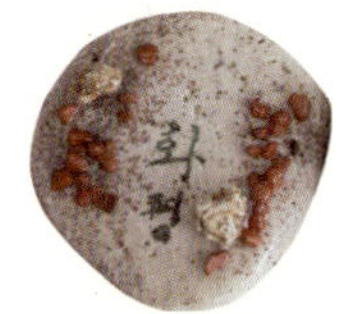

묶음9

누가 죄인에게 자신을 통째로
주었는가

묶음 1

당신의 뜻을 이루소서

아버지여,

지금까지

사람 들으라는 구국기도는 많았어도
당신 들으시라는 구국기도는 없었습니다

어둠이 가실 때까지

사람의 뜻을 이룬 브니엘기도는 있었어도
당신의 뜻을 이룬 겟세마네기도는 없었습니다

동이 틀 때까지

십자가를 놓고 경계선을 넘는
통일 사업가의 햇살기도는 있었어도
십자가를 지고 골고다를 가는
한민족의 제물기도는 없었습니다

반백년이 넘기까지

정치가는 정권 잡기 위해
기업가는 재물 얻기 위해

작가는 이름 내기 위해
통일을 외쳐 왔습니다

동족의 신음과
배고품과
피눈물에는
찢어지는 가슴이 없었습니다

아버지여,

저문 세월
손에 손잡고

실핏줄 같은 생명책을 품고
사랑 찾아 떠나게 하소서

절망의 산을 넘고 슬픔의 강을 건너서
당신의 땅에 피의 말씀을 풀게 하소서

마주 보는 눈동자마다
당신의 얼굴을 보게 하소서

우리 안에 계신 당신을

형제의 눈물로 보게 하소서

사랑의 형장을 적신 보혈로써
한민족이 하나 되어 당신의 뜻을 이루소서

ㅁ예수께서 이르시되 나의 양식은 나를 보내신 이의 뜻을 행하며 그의 일을 온전히 이루는 이것이니라(요4:24)

아바 아버지

기도는 생명의 숨이라

예수께서 육체로 계실 때
자기를 죽음에서 구할 수 있는 분께
긴긴밤 지새우는 눈물로 간구했고

죄인을 향해 차오른
하나님의 쓴 잔을 마셔야 하는 지경에서
진노를 무르는 눈물비로 간청했다

"아바 아버지여
아버지께는 모든 것이 가능하오니
이 잔을 내게서 옮기시옵소서... ..."(막14:36)

아들의 탄원은
아버지의 침묵의 벽에 부딪쳐
땀방울을 핏방울로 고으는
마음의 섬이었다

겟세마네의 절원에서
갈보리의 절규까지

예수가 울부짖은

기도의 대상은

눈물이 골짝난
재판장이 아니라

눈물이 어리면
눈물이 고이는
아빠였고

피부를 맞대면
피가 통하는
아버지였다

아버지의 뜻을 좇는
아들의 피묻은 사랑이

아버지의 소원인
구원과 공의를 이루었다

아들이 대신 죽은 십자가 속에는
아버지의 사랑과 정의가 숨어있어

아들의 피로

하나님의 자녀된 우리도

그분을
아바 아버지라 부르면

아들의 눈물이
아버지의 강에
뚜욱 뚝 떨어져

염려는 염원이 되고
가시관은 면류관이 되며
수치는 영광이 되어

그 끝에서
여무는 소리는

언제나

아바 아버지다

父情

아버지의 뜻을 따라
아들이 세상 죄를 지고
십자가에 달렸을 때

땅은 물 한방울도 인색했고
하늘은 빛 한줄기도 외면했다

죄는 하나님과 사람을 분리시킨다

만삭의 어둠 속에서
아들은 부르짖었다

"나의 하나님, 나의 하나님,
어찌하여 나를 버리셨나이까"(마27:46)

침묵도 들으시는
하나님은

아들의

그 비통과
그 절현에

아들에게로 뗑기는
마음결이 찢어졌다

아들의 영혼이 떠났을 때

죽은 것은

생명이 아니라 죽음이었다

소망이 아니라 절망이었다

영혼의 기도

영혼은
하나님으로 부터 와서
하나님께로 돌아간다

사랑도
하늘로 통하는 문이고

그리움도
하늘로 이어지는 길이다

하나님과 함께 함이 가장 행복하고
그분께서 지켜 줌이 가장 평안하다

예수님은

죄덩어리로 못에 박혀
핏덩어리로 숨지기 전에

아리고 아픈 자신의 영혼을 아버지께 의탁했다

“아버지, 내 영혼을 아버지 손에 맡깁니다”(눅23:46)

사랑의 형틀을

아버지의 가슴인 양 베고 잠들었다

사람들은 십자가에서
그리움의 무게로 목이 휘어진
하나님을 보았다

우리도
아들의 입술에 담았던
영혼의 기도를 통하여
아버지께로 간다

구원

우리를 죄와 죽음에서 구원하기 위해

외아들을 보내신 것이
하나님의 사랑이라면

외아들의 십자가 형벌은
하나님의 정의다

이 온전한 뜻을 이루기 위해서
예수님은 죽기 까지 순종하였다

십자가는 아버지의 뜻이지
아들의 뜻은 아니었다

죽음의 속전은 죽음 뿐이라

사랑이 순종의 동기였고
죽음이 사랑의 결과였다

죽음에 이어질 수 있는 사랑만이
아버지의 뜻을 이룰 수 있었다

사랑은 죽음을 잉태하고

죽음은 생명을 낳으므로

구원은 십자가의 예수 없이는 완성되지 않는다

ㅁ내가 곧 길이요 진리요 생명이니 나로 말미암지 않고는 아버지께로 올 자가 없느니라(요14:6)

언약

말씀에는
순종하는 자녀들에 대한
하나님의 사랑이
진주처럼 글썽이고 있어

당신의 일로
구슬땀 머금은 얼굴 위로 떨어지면
뜨겁게 언약이 맺혀

선을 행할 땐
항상 설렘으로 함께 하시고

위험한 곳을 갈 땐
언제나 앞에서 인도하시며

지난한 사랑을 할 땐
어김없이 뒤에서 밀어주신다

퍼렇게 멍든 신음소리에는
아프게 언약이 감겨

고뇌의 외침이 심중에서 일 땐
마음에 고이 쟁여두시고

고통 찬 부르짖음이 기도로 발할 땐
측은지심을 가누지 못하시며

물살 센 울부짖음이 하늘을 울릴 땐
강한 팔로 불의와 싸우신다

하늘 아버지께는
가르지 못할 바다가 없고
이루지 못할 언약이 없다

ㅁ너희에게 아버지가 되고 너희는 내게 자녀가 되리라(고후6:18)

걸작

하나님이 천지를 창조하실 때

어느 식물에게 지혜를 마르지 않게 하셨던가

어느 물고기에게 영감을 번쩍이게 하셨던가

어느 동물에게 기도의 영을 넘치게 하셨던가

어느 천사에게 자유의지를 누리게 하셨던가

이 모든 것은 사람에게만 주시어

인형이 아니라 인격체로서
당신과 존귀한 관계를 갖고자

우리 마음을 순결하게 하시어

귀와 눈으로는 말씀에 끌리고
입으로는 창조주의 사랑을 읊으며
얼굴로는 그분의 영광을 우러러
자기의 형상을 반사하게 하셨다

인간은

창조의 꽃구슬이고
창조자의 가슴이다

ㅁ하나님이 자기 형상 곧 하나님의 형상대로 사람을 창조하시되(창1:27)

복음의 신발 신고 열두 진주문 지나

영광의 주를 뵈오리

묶음 2

영분별

세상의 신은

경제를 파탄시키고
주민을 기아로 내몬
한 독재자의 죽음으로

세상을 한바탕 농락하고는

회칠한 분단의 무대 위에서
눈물의 바다를 연출했지만

영혼의 대지 위엔
맑은 이슬 한 방울도 만들지 못했고

썩지 않는 고통만
영원한 슬픔에 안치하였다

누가 기진맥진한 땅에
눈물샘을 터트려
큰 산이 눈부신 수채화를 그리게 하겠는가

누가 동토의 땅에
의의 태양을 떠올려

언 강물이 마음껏 춤추게 하겠는가

죽음으로 부터의 생명이 말씀 가운데 있다

ㅁ사랑하는 자들아 영을 다 믿지 말고 오직 영들이 하나님께 속하였나 분별하라...(요일4:1)

사랑이어라

창조주의 심장인 외아들이
하늘의 영광을 떠나

죄악이 뒹그는 세상에
사람의 몸으로 태어났어라

자신의 특권으로
세상의 왕이 될 수도 있었으련만

자신을 낮춰 비참한 모습으로

조롱의 자색옷을 걸치고
멸시의 갈대 홀을 쥐고
고통의 면류관을 썼어라

넘실대는 바다를 걸으면서도
자신의 능력을 과시하지 않고

사람들의 시선을 아버지께로 모음으로
아들은 아버지께로 가는 길이어라

사유의 사유로 가르치는 일에도
자신의 신념을 펼치지 않고

아버지의 말씀을 세움으로
아들은 아버지께로 가는 진리어라

시체가 일어나 무덤을 나오게 하고도
자신의 영광은 그늘로 몰고

아버지의 영광을 살리므로
아들은 아버지께로 가는 생명이어라

세상이 있기 전에 계셨던 분

십자가에서도
아버지의 마음이 북받쳐

쩍 벌어진 가슴에서
벌겋게 담금질된 그리움이
그득히 떨어지던 분

사랑이어라

ㅁ사람의 모양으로 나타나사 자기를 낮추시고 죽기까지 순종하셨으니
곧 십자가에 죽으심이라(빌2:8)

사랑은 하나

예수께서
모든 육체의 들풀같은 슬픔을 지고
십자가에 박히실 때

아버지와 아들은

찢어지는 아픔에 하나였고
무너지는 가슴에 하나였다

아들의 피 속에는
아버지의 사랑이 흐르고 있어

누구도 예수를 통하지 않고는
하나님께 이를 수 없고

아무도 예수를 떠나서는
하나님과 하나될 수 없다

예수의 사랑이 흐르는 붉은 가슴은
하나님과 하나다

ㅁ...우리와 같이 그들도 하나가 되게 하옵소서(요17:11)

사랑은 생명

사랑은
그 죽음 안에
생명이 있더라

예수를 사랑하면
그의 죽음도 내 안에 살고
세월이 감기면
생명도 깊어져

십자가의 상처가
눈물진 강물에 쓸려
빛나는 진주를 생성하고

죽을 몸은
예수가 숨쉬는
집이 되더라

그의 죽음이 나의 죽음이 되고
그의 생명이 나의 생명이 되어
죽어도 사는
영원한 생명이 되더라

ㅁ우리가 항상 예수의 죽음을 몸에 짊어짐은 예수의 생명이 또한 우리 몸에
나타나게 하려 함이라(고후4:10)

사랑은 천국

사랑은
영혼의 이슬
눈물로 헹궈낸 천국

사랑은
그렁그렁한 열두 진주문 열어주고
사랑하는 사람과 함께 있고 싶어하리라

사랑의 왕이신 예수께서
우리에게 새 생명을 주셨으니
우리가 살 눈부신 집도 주시리라

하나님 아버지의 집을

내 아버지의 집보다
더 아름다운 집이 어디 있으랴

다시는 떠나는 사람과 잃는 사랑이 없는
생명수 샘에서
그분의 맑은 눈빛으로 눈물을 말리며

그분의 젖은 가슴으로 아픔을 이우는
푸른 공간에서

영원히 그분과 함께 사는 것이 천국이리라

ㅁ내 아버지 집에는 거할 곳이 많도다(요14:2)

말씀 사랑

꽃 그늘이 드리워지는 사람은
꽃 나무를 심고싶은 사람이겠지

사람은 그 하는 일에서
사랑이 물감을 들이네

말씀은 사랑이 물오르는
하나님의 법이지만

행함이 없으면
그분과 젖지 않는 마음이리

말씀은
사랑만이 지킬 수 있고

사랑이 깊어질수록
순종도 무성해지네

예수의 사랑은 순종의 뿌리였고
예수의 순종은 사랑의 열매였지

말씀을 피로 개어서
세상을 아버지로 물들이는 아픈 사랑이었어

ㅁ너희가 나를 사랑하면 나의 계명을 지키리라(요14:15)

내리 사랑

사랑은
못 자국난 손과 발에서 샘솟는다

나같은 죄인이 용서받을 수 있을까
어질머리 일 땐

골고다에서 흘러내리는 피를
수혈받는다

나같은 사람도 천국에 갈 수 있을까
회오리가 일 땐

십자가에서 흘러내리는 물을
수급받는다

사랑의 원천은
맑고 깊은 하나님이시고

그 아들을 통해서
세상 끝날까지 흘러 내려

마음의 계곡에 넘치면
사랑은 사랑을 전수한다

ㅁ우리가 사랑함은 그가 먼저 우리를 사랑하셨음이라(요일4:19)

종의 사랑

예수의 종 바울은

위험과 결박에 조였었고
수고와 매맞음에 닳았으며
상처와 고난에 쓰렸어도

주를 향한 종의 사랑은
깊은 고통에 뿌리를 내려

한여름에도 추운 지하 감옥이
꽃피는 동산이 되었고

발목을 채운 착고는
영혼의 신발이 되어
약한 자를 찾아 애달파하였으며

차디찬 돌바닥에서도
가슴에 품고 있는 얼굴 하나 아로새기며
불같은 님의 음성으로 충전되니

찌르는 육체의 질병은
하늘 가득한 은혜였고

자신을 버려
주인의 그림자로 살았으며

자신을 비워
능하신 이의 통로로 삼았다

ㅁ내가 그리스도를 위하여 약한 것들과 능욕과 궁핍과 박해와 곤고를 기뻐하노니 이는 내가 약할 그때에 강함이니라(고후12:10)

사랑은 가장 낮은 곳에 자리를 편다

묶음 3

임마누엘

말씀과 기도보다
더 극진한
선물이 어디 있으랴

말씀이 육신이 되어
기도의 사람이 되신
예수보다 더 아름다운
선물이 어디 있으랴

말씀이신 그가 노래하면
모든 시인이 잠잠해지고

기도이신 그가 꾸짖으면
모든 풍랑이 잔잔해진다

하나님은
사람에게

거대한 부나
가공할 핵을
주시지 않고

당신의 아들을 주시어

말씀을 세워
뼈가 되게 하시고

기도를 펴서
살이 되게 하시어

우리와 함께 하신다

ㅁ보라 처녀가 잉태하여 아들을 낳을 것이요 그의 이름은 임마누엘이라 하리라 하셨으니 이를 번역한즉 하나님이 우리와 함께 계시다 함이라(마1:23)

포도나무와 가지

뿌리 없는 나무가 없고
나무 없는 가지가 없으며
가지 없는 열매가 없듯이

사람도 그러하리

생명의 주인을 알고
그분을 의지하여
말씀을 공급받아야

그 입김으로 소생하리

탯줄인 주님께 접붙여
빵이신 예수를 먹고
물이신 구주를 마셔야

풍요하게 열매를 맺으리

생글 생글 생명이 열리고
망울 망울 핏물이 달리리

ㅁ나는 포도나무요 너희는 가지라 그가 내 안에, 내가 그 안에 거하면 사람이
열매를 많이 맺나니 나를 떠나서는 너희가 아무것도 할 수 없음이라(요15:25)

당신을 노래하게 하소서

당신의 음성을 담은 노래를 부르게 하사
그 꽃물 든 선율에 마음귀가 열리게 하소서

당신의 가슴을 엮은 노래를 부르게 하사
그 핏물 든 사랑에 가시관이 보이게 하소서

당신의 용서를 봉한 노래를 부르게 하사
그 진물 든 상처에 눈물샘이 터지게 하소서

당신의 의를 입은 노래를 부르게 하사
그 빗물 든 품에 하늘이 내리게 하소서

ㅁ사람의 일을 사람의 속에 있는 영외에 누가 알리요 이와같이 하나님의 일도 하나님의 영 외에는 아무도 알지 못하느니라(고전2:11)

십자가

십자가는
사랑의 꽃

그 눈물이
한 방울 한 방울
마음을 적시면
죄가 씻기고

그 핏물이
한 방울 한 방울
가슴을 물들이면
생명이 다시 핀다

사랑이
눈부시다

ㅁ...하나님은 사랑이시라...(요일4:16)

말씀

허드렛말 하지 말라
말씀은 시의 보고다

다른데서 신을 구하지 말라
말씀은 하나님이시다

사랑을 찾아 헤매지 말라
말씀은 예수의 심장이다

ㅁ말씀이 육신이 되어 우리 가운데 거하시매 우리가 그의 영광을 보니
아버지의 독생자의 영광이요 은혜와 진리가 충만하더라(요1:14)

용서

하나님의 아들이
세상에 내려와

당신이 있기 전에 있었던 곳
당신이 가기 전에 가야 할 곳

하나님 나라를 그리움으로 전하다가

신성모독죄로 고소 당해
비루한 인간에게 재판을 받았고
부침이 심한 정치꾼들의 조리돌림으로
부화뇌동하는 군중의 조롱을 겪었으며

무지막지한 사람들에 의해
손과 발에 대못이 박히는 동안에도
저주 대신 긍휼을 품어

배신으로 갈갈이 찢어진 심령이
죄인들을 위한 성소로 엮였고

죄용서의 뜨거운 가슴이
구원의 산실로 열렸다

용서는 아들 품에서 영원히 숨쉬어

그 뼈 속에는
망치소리가 기도소리로 울리고

그 살 속에는
깊은 절규가 깊은 사랑으로 퍼진다

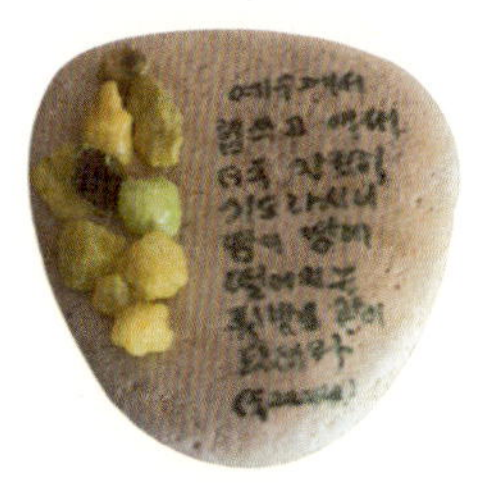

ㅁ너희가 무슨 일에든지 누구를 용서하면 나도 그러하고 내가 만일 용서한 일 이 있으면 용서한 그것은 너희를 위하여 그리스도 앞에서 한 것이니(고후2:10)

십자가의 힘

십자가의 통곡에 젖기까지
내 몸은 의에 주리고 갈하였다

십자가의 말씀에 사로잡히기까지
내 혼은 생의 의미에 물음표를 이고 다녔다

십자가의 고통에 잠기기까지
내 영은 죄의 짐을 지고 다녔다

이제 예수 십자가는
내 모든 시름을 푸는 지혜고

내 몸과 마음에 물기를 대주며
내 혈관의 피를 끓이는 능력이다

ㅁ오직 부르심을 받은 자들에게는 유대인이나 헬라인이나
그리스도는 하나님의 능력이요 하나님의 지혜니라(고전1:24)

믿음

믿음은
말씀 속에 뿌리를 내리며
기다리고 바람으로 자란다

믿음은
소망의 영원한 짝이라
죽음 앞에서도 헤어지지 않는다

믿음은
무덤에서 부활을 체험하고
흑암에서 성전을 일궈내며
분단에서 통일로 거듭난다

믿음은
볼 수 없는 존재의 근원을 보게 하고
바랄 수 없는 영원의 세계를 바라게 한다

ㅁ믿음은 바라는 것들의 실상이요 보이지 않는 것들의 증거니(히11:1)

마음 한 자락 깔고 한 올 한 올 그리움 풀어 편지를 쓴다

묶음 4

꽃편지

희끗 희끗 세월에 바래진 내게
푸른 물이 번지는 편지가 왔구나

마음이 물드는 네 편지는
예수께서 쓰신 것이로구나

네 마음과 인품에는
하나님의 입김이 어려서

봉투도 없고 종이도 없는 편지가
누구에게나 읽히고 통하는구나

지금도 그분은
너의 순한 영혼의 꽃지에
온유와 사랑을 쓰시는구나

말씀이 육신이 되신 예수님이
마음이 편지가 된 너를 통해
널리 드러나고 활짝 빛나리라

ㅁ너희는 우리의 편지라 우리 마음에 썼고 뭇 사람이 알고 읽는 바라(고후3:2)

바람 속에도 영원이

인생은 그 길을 알지 못하는 바람 같은데
영원하신 주께서 어찌 기억하시나이까

인생은 바람처럼 헛것 같은데
참되신 주께서 어찌 생각하시나이까

인생은 그 영화가 바람부는 들판의 꽃 같은데
영광의 주께서 어찌 연연하시나이까

인생은 바람처럼 사라지는 죄투성인데
거룩하신 주께서 어찌 용서하시나이까

인생은 바람 앞에 티끌 같은데
반석이신 주께서 어찌 애타하시나이까

ㅁ그들은 육체이며 가고 다시 돌아오지 못하는 바람임을 기억하셨음이라 (시78:39)

무른 마음에게

예수께서 말구유에 나신 것과
네 생일이 맞물리는 동짓달은
가난한 이들에겐 버거운 달이구나

이 결빙의 계절에도
따스운 입김만 받으면
하늘 문은 열려

어지신 분의 눈물이
온유한 네 마음으로
밤새워 굽이쳐 흘러
한 폭의 겨울 수채화를 그리는구나

나는 네가

절망에 누워 마음이 잠든 사람들
술에 빠져 육신이 잠든 사람들
사탄의 지배로 영혼이 잠든 사람들

저들을 위해 깨어
기도로 씨름하는 것을 보며

사랑은

버려지고
밟혀지고
척진 이를
눈물로 품는 것이라는 생각에 고인다

아들아

메마른 세상에
눈물진 말씀의 씨앗을 뿌려
흙길을 꽃길로 일구는 너에게
귀한 말씀 한 꾸러미 보낸다

"나는 선한 싸움을 다 싸우고, 달려갈 길을 마치고 믿음을 지켰으니 이제 후로는 정의의 면류관이 나를 기다리고 있을 뿐입니다..."(딤후4:7~8)

긍휼을 입은 종이니
평강의 주가 너에게 머무시기를

요람

성전 뜰에서는
제비도 둥지를 틀고 새끼를 키우는데
하물며 사람이랴

우리 교회의 어떤 새댁은
산후조리원에서 나오자마자 아이를 안고
남편과 함께 예배에 참석했는데

백일이 지나 이슬맺힌 주일날
부부가 아기를 목사님 품에 안기며

"우리 덕연이를 위해서 기도해주십사고... ..."
엄마가 운을 떼자
아빠가 선물을 연다

와!
색색으로 수놓은 예수님의 모습과 말씀이
액자 속에서 소망찬 무지개로 뜨고있다

지금, 덕연이는
성령의 바람결에
하늘 음성을 듣고

신심 깊은 사람들의 가슴에서
옹알이를 하며

따스운 눈빛을 받을 때 마다
웃음꽃이 피어난다

여리디 여린 생명이
영혼의 문을 흔든다

ㅁ... 주의 제단에서 참새도 제 집을 얻고 제비도 새끼 둘 보금자리를
얻었나이다(시84:3)

사랑의 불씨, 덕연에게

부모를 통해
네가 태어났지만

부모도 너로 인해
다시 태어났단다

덕연아,
엄마는 너를 위해 교회에 나오게 되었고
너의 뜨거운 날들을 위해 우리에게 기도를 부탁했단다

엄마의 태양은
너로 인해 뜨고
너로 인해 진단다

아빠는 해처럼 너를 품고
불씨처럼 자신을 사른단다

할아버지와 할머니도 너를 바라보며
해바라기 처럼 뜨거운 님을 향해
경배와 감사의 궐 안에 사신단다

목사님은
사랑의 불덩어리로 부터

기도의 불을 받아
그늘진 이웃을 비춰 주고
너의 가는 길에
말씀의 등불이 되어 준단다

덕연아,
은총과 영광의 찬란한 분이 너와 함께 계셔서
밝은 세상 이루기를 바란다

덕연이가 옹알이를 하면
아기 예수 창가에 꽃비가 하롱하롱 흐른다

ㅁ주 하나님은 태양과 방패이시라...(시84:11)

눈물 깊은 아들에게

언제 주의 길이 평탄한 데가 있었으랴
언제 그의 방주가 풍랑이 일지 않던 곳이 있었으랴

누가 먹구름 재우고 눈을 내려
하늘 그림을 그리겠는가

선한 목자는 눈물의 기도로
교회의 뿌리를 내리는구나

신실한 종은 말씀의 능력으로
생명의 움을 틔우는구나

마음의 가지 끝에 그리움이 고일 때
님의 발치에 눈물이 찰 때

쪼개진 땅에서 생명의 꽃이 피리라
성령의 바람에 말씀의 돛을 달리라

ㅁ...주의 전을 사모하는 열심이 나를 삼키리라...(요2:17)

영혼의 가락

바이올리니스트 이동훈 교수가 작곡한

'어둔 밤 마음에 잠겨'
'가슴마다 파도친다'
'캄캄한 밤 사나운 바람 불 때' 등

우리 곡조에 실은 하나님의 환상은

후미진 역사의 뒤안길에서
얼마나 많은 기독 청년들의 가슴을 울먹이게 했던가

그가 어떻게 굽이치는 가난 속에서 창작을 했는지
그의 사역의 동지였고 사랑의 반려였던
김병숙* 지휘자가 풀어놓는
농축된 생의 이야기를 읽는다

기다려도 기다려도 오지 않는 남편

불의의 교통사고로 악보만 바람에 띄우고
작곡자는 53세의 삶을 접었던 것이다

죽음으로 사명을 거두실 줄이야

그는 선교의

제물이었던가

무기였던가

하늘이 무너지는 시련 속에서
37년 동안 남편과의 연결고리는 기도였다

이별은 잠시지만 하늘나라의 만남은 영원해
남편과 함께 하나님을 찬양할 그 날이 올 때 까지
기다림은 가슴에 품고

울넝줄넝 네 자녀를
복음으로 뛰게 하기 위해서
소망은 등에 지고

믿음으로 일어섰다

에스더 선교 합창단을 창단하여
20년 동안 남편이 남기고 간 곡들을 지휘하며
민족복음화의 꿈을 잇게 하고

후손들을 위해 뿌린 한 톨 씨앗은
세계 복음화의 기수들로 싹트게 하였다

연륜이 깊어질수록 사랑도 깊어지고
사랑이 깊어질수록 그리움도 깊어져

질푸른 기다림이 무성한 가지를 드리워
잎잎이 창조주를 노래하니
땅위에선 님의 꿈이 가득하다

93세에 지휘자의 자리에서 은퇴했고
94세에 이 생의 삶을 봉인했지만

기다림의 나이테가 한국교회음악에 배경이 되었다

평생을 남편으로 수놓은 여인

나를 바쳐 우리를 이룬 어머니

춥고 힘겨운 고난으로
한 톨 씨앗을 가꾸사
수 많은 열매를 맺으신
농부되신 하나님

그분의 역사는 눈물이 거름이다

복음의 신발을 신고 가는
하늘 아버지 집에는

그 옛날
처마 밑에 둥지를 틀고
기다리던 눈빛들과
저린 말들과
손손이 때묻은 바이올린과
영혼의 가락이 흐르고 있으리라

*김병숙 저 〈네가 주를 사랑하나〉

ㅁ... 한 알의 밀이 땅에 떨어져 죽지 아니하면 한 알 그대로
있고 죽으면 많은 열매를 맺느니라(요12:24)

멍울이 터져야 꽃이 피고 눈물이 터져야
양 우리에 웃음 꽃이 핀다

우리의 영생할 양식은 예수의 살과 피

묶음 5

생명의 향기

작년 봄에 강원도에서 말씀교회로 택배가 왔다
보낸 사람의 주소난에는 이름 대신 마음이 적혀 있었다

“크신 사랑에 감사드립니다”
“봄의 향기 입니다”

열어 보니 흙과 어둠에 섞여 잠든
순박하기 그지 없는 팔뚝만한 더덕과
푸릇 푸릇 파릇 파릇 키 큰 드릅이
차곡 차곡 가득 가득 담겨 있었다

눈물이 고운 마음에 매달렸다

결곡한 생명은 곡진한 향기를 품고 있었다

여기 저기 수소문 끝에
추억이 된 친구의 언니가 농장에서 재배한 것임을 알았다

감사의 전화를 했더니
풀 내음이 잠긴 목소리가 풍겨나왔다

“두고 두고 차츰 차츰 갚겠습니다”

두 자매의 애달픈 사랑은 꼭 간직하고 싶었다

반은 나누고
반은 깨끗하게 씻어서 말린 후
제단 한 쪽에 촘촘히 놓았더니
향기가 기도를 드린다

올 봄에도 무명씨로 보내준 더덕과 드릅을
똑같이 반은 이웃과 함께 하고
반은 향기로 제단에 드렸더니
복음의 냄새도 켜켜이 나래를 편다

사랑의 왕이 보내신 향기가
기도할 때마다
생명에서 생명으로 이어진다

ㅁ우리는 구원 받는 자들에게나 망하는 자들에게 하나님 앞에서
그리스도의 향기니(고후2:15)

주 바라기(2)

해바라기는
뿌리와 줄기와 잎새가 한가지로
해를 따라 고개를 돌리면서 꽃을 피운다

주바라기도
몸과 마음과 영혼이 한 뜻으로
주님만을 지향해 힘을 발한다

고요한 눈동자는 주님만이 가득해
천 날을 하루같이 기다리고

외로운 마음은 주님만을 의지해
세상의 거센 풍랑을 헤치며

거듭난 영혼은 주님만을 사모해
어두운 죽음의 바다를 건너서
찬란한 생명의 주님을 만난다

ㅁ여호와의 눈은 온 땅을 두루 감찰하사 전심으로 자기에게 향하는 자들을 위하여 능력을 베푸시나니...(대하16:9)

주 바라기(3)

주 바라기는
매일 당신 생각에 젖어

잎잎이
푸른 그리움으로 물결칩니다

알알이
편지 한 통으로 마음 한 줌 봉합니다

겹겹이
껴입은 슬픔과 고통을 제물로 드립니다

절절이
깊은 마음을 읽으시는 당신의 얼굴을 흠모해
그 광채가 감도는 꽃이랍니다

점점이
명치 끝에 여무는 까만 통점은
당신의 상한 피입니다

ㅁ주님은 마음 상한 사람에게 가까이 계시고
영혼이 짓밟힌 사람을 구원해 주신다(시34:18)

서러운 눈물

가난한 다비다의 온정으로
곤궁한 과부들을 위해
속옷과 겉옷을 만들게 하신
사랑의 주여,

청빈한 여제자의 손에 쥔 것은
바늘과 실 뿐이었지만
선행과 구제가 심히 많게 하신
창조의 주여,

그 여인의 죽음에
이 생의 한 뭇을 숨겨두신
생명의 주여,

눕혀진 시체를 일으켜
거듭난 생명을 살도록
이 생과 저 생의 경계를 허무신
만유의 주여,

몰랐습니다
선행 하나 하나
속옷과 겉옷 하나 하나
모두가 당신의 서러운 눈물이었다는 것을

ㅁ욥바에 다비다라 하는 여제자가 있으니 그 이름을 번역하면 도르가라 선행과 구제하는 일이 심히 많더니(행전9:36)

다시 하는 첫사랑

내 어릴적
할머니의 등에 업혀 다니던
천막교회는
내 영혼의 둥지였다

교회 앞 뿌리 깊은 나무는
눈물 보다 강한 기도는 없다는 듯
가지마다 장전된 울부짖음을
밤새도록 바람 결에 실려보내고

나는
할머니의 기도소리와
찬송소리의 하모니로
잠들곤 했다

살을 에이는 칼바람이 몇 해 더
잎새 마다 서린 이야기들을 수렴하더니
새 교회가 세워졌고
기도의 천막집은 걷히었다

나도 학교에 다니게 되었고
오랜 세월 밤마다
새 성전에서 등을 밝히게 되었다

성전에 들어서면 양쪽에 문이 있었는데
그 가운데 삭막한 책상이 하나 놓여 있었고
그 위에 형광등이 파리한 불빛을 비추었는데

거기서 나는 독서 삼매경에 빠져서
창을 때리는 비바람을 막을 수 있었고

마루 바닥에 꿇어앉아 기도하다가
찬기운이 올라오면 강대상에 올라가
자주색 카펫자락으로 무릎을 덮으면
어지신 분의 따뜻한 시선을 느껴
그분의 발 앞에 엎드려 은총을 구했다

모래알 같은 마음밭을
진주알 같이 일구는 분

서슬 퍼런 가시관을 쓰고도
검붉은 사랑을 토해내는 분

그 뜨거운 분의 핏자국을 따라
내 마음도 거기 엉기고 감기었다

그 간곡한 생애가

내게는 완성된 사랑이었다

내 생명의 근원을 찾아서
내 사랑의 샘을 찾아서

진실이 흐르는 줄기를 따라 가면
봉우리에선 영원을 만나리라 믿었다

목마른 사슴이 시냇물을 갈망하듯
메마른 대지가 단비를 열망하듯

간절한 마음으로 절대자를 찾았다

그의 숨결을 듣고 싶어
신학교마다 서성거렸으나

말씀이 떠난 돌짝밭에는
웃자란 엉겅퀴로 발 디딜 곳이 없었고
말씀을 사모하는 마음밭에는
하늘의 입김으로 푸른 나무가 무성하였다

그의 옷자락을 잡고 싶어
기도원마다 기웃거렸으나

그의 신이 떠난 곳에는
말씀이 수의에 덮여 있었고
그의 신이 운행하는 곳에는
말씀이 생명싸개에 싸여 있었다

헤맴 속에 길이 있었고
고뇌 속에 뜻이 있었다

마지막 도착지에선
생사를 걸었고
영혼을 맡겼다

별들이 눈물로 출렁이고
허무로 기우는 벼랑에서

그가 나를 불렀다

우주 보다 크신 이가
겨자씨 같은 자를 이름으로 불렀다

나는 그의 진실 앞에서
무릎을 꿇지 않을 수 없었고
나의 허물을 고하지 않을 수 없었다

구원자는 이제나 저제나
한 영혼을 구원시키고자
마음을 드릴 때 까지
기다리셨던 것이다

어쩌다
자기 밖에 모르는 인생을 사랑하시어
고통 밖에 없는 죄짐을 맡으셨을까

하필이면
하나 밖에 없는 분단 민족을 택하시어
아픔 밖에 없는 형벌을 지셨을까

그와 나 사이에는
닿을 수 없는 섬이 있었는데
예수께서 다리를 놓아 주었다

눈물이 메마른 가슴에
긍휼의 눈물이 떨어졌고

핏물이 바닥난 마음에
보혈의 핏물이 스며들어

생의 원천이
예수의 물과 피로 씻겨
그와 내가 함께 흐른다

그날 밤 이후

나는 그의 안에서 죽었고
그는 나의 안에서 살았다

나는 그를 위해서 있고
죽음은 생명을 위해서 있다

그는 그리움이라
그리움을 모르면 기도를 모른다

마음 문을 열면
그가 내 안에서
말할 수 없는 탄식으로

나와 내 민족을 위해 기도하고
나와 내 나라를 위해 통곡한다

그는 말씀이라

말씀을 모르면 사랑을 모른다

그를 안다는 것은 말씀을 안다는 것이고
그를 사랑한다는 것은 말씀을 사랑한다는 것이다

그는 생명이라
생명을 모르면 천국을 모른다

그를 모시면
사람의 마음 속에
천국이 내려 앉는다

생이 진하면
육신의 장막은 땅에 묻고
영혼의 속사람은 그리움에 부쳐

영원한 생명에게
지순한 마음에게
순전한 사랑에게
영으로 배달되리라

다시 하는
첫사랑의 주소는

님의 나라

우편번호는
요 14:6

도로명은
사랑로

오직
예수가 그리움으로 가는 길이다

마음 속 약탕기에 달인 시

묶음 6

씨와 시

활짝 핀 장미 위에
누가 향수를 뿌리겠는가

아름다움의 원천인 예수 앞에
어느 형용사가 비길 수 있겠는가

얼마나 종종 진리가
인간의 화려한 생각으로 질식해버렸는가

얼마나 자주 생명샘이
인간의 찬란한 문학으로 숨겨졌는가

얼마나 깊이 십자가가
인간의 현란한 지혜로 가리워졌는가

애오라지
주님의 터 위에
말씀의 씨를 뿌리면

바이올린이 바람에 공명하듯이
영혼이 말씀에 감읍하여

씨가 시로 태어난다

씨만한 응축이 어디 있으랴

ㅁ형제들아 내가 너희에게 나아가 하나님의 증거를 전할 때에 말과 지혜의 아름다운 것으로 아니하였나니(고전2:1)

님의 시

하나님은 심령에 시를 쓰신다

그분은 당신의 마음을
돌판에 새기지 않으시고
마음판에 새기시며

먹물로 쓰지 않으시고
당신의 영으로 쓰신다

그분은 사모하는 영혼에게
봇물같은 눈물을 주시어

마음속 돌들이 터져
사무치는 바다가 되면

그 속에서 울려퍼지는 음성을
담아 올리게 하신다

시는 하나님이 쓰시고
판독은 사람이 한다

ㅁ너희는 우리로 말미암아 나타난 그리스도의 편지니 이는 먹으로 쓴 것이 아니요 오직 살아 계신 하나님의 영으로 쓴 것이며 또 돌판에 쓴 것이 아니요 오직 육의 마음판에 쓴 것이라(고후3:3)

시와 눈물

시를 쓰기 전에는
말씀이 온 몸을 적시더라

시를 쓰는 중에는
애끓는 눈물이 목까지 메이더라

시를 쓰고 난 후에는
영혼이 울먹이더라

사랑의 눈물이 연연히 흐르는 시는
언제나 님의 가슴에서 피어나더라

ㅁ내 영혼아 주님을 찬송하여라
그 분의 모든 은혜를 잊지 말아라(시103:2)

완전한 시

성경보다 완전한 시가 어디 있으랴

말씀이 육신이 된 예수보다 아름다운 시가 어디 있으랴

일곱 번 풀무불에 정련한 은 같은 말씀 속에서
순수한 예수를 만나면 길이 열리더라

일흔 번씩 일곱 번 이라도 용서하라는
순전한 예수와 통하면 진리가 따르더라

일곱 번 넘어져도 여덟번 일어서게 하는
순결한 예수를 믿으면 생명을 얻더라

성경은 하나님의 영감을 안고 흐르는 시 일진대

하루에도 일곱 번 노래하는 것은
티없이 맑은 말씀으로 인해
하나님의 가슴에 젖기 때문이고

칠 일 밤낮을 생각에 앉아 있어도
절절한 말씀으로 배어 있지 않으면
하나님의 마음에 젖지 않으리라

ㅁ주의 의로운 규례들로 말미암아 내가 하루 일곱 번씩 주를 찬양하나이다(시119:164)

가슴에 품고 온 시

사람이 죽으면
육신은 땅에 누이고
그리움은 안아 가슴에 품는다

아버지는
나의 생각과 기도 속에서
한 번도 빠져본 적이 없었다

한 평생 걸었던 묵상 길도
종착지는 생명의 나라였다

젊은 시절의 아버지는
쪽복음을 벼개 밑에 두고 잘 정도로
말씀을 사모했다고 한다

불행히도 어떤 목사로 부터 상처를 받고는
"목사는 멀리서 보아도 존경심이 일어나야 하며
가난한 교인들이 옷깃을 여미도록 살아야 한다"며
교회를 비난하고 성경책을 찢어버렸다 하지만

마음 밭에 떨어진 말씀의 씨는 발아해
나눔과 베품의 옥토가 되어

받는 부담보다 주는 기쁨을 행복으로 여겼고
떠벌리는 선심보다 침묵하는 선행을 축복으로 삼았기에

하늘의 손이 움직여

뿌리면 뿌릴수록
흐드러지게 꽃을 피우게 하셨고

주면 줄수록
지천으로 열매를 맺히게 하셨다

그러나 가정은 메마른 박토였다

엄마와 아버지는
문수가 다른 짝이었다

연잎과 이슬같이
서로를 적시지 못하는
물과 기름이었다

어느 날 아버지는 가정을 떠나
고독을 이정표로 오랫동안 회사에서 숙식하였다

그 속에서도 사업은 버섯처럼 자랐고
옹기 종기 송이 송이 퍼져나간 것은
할머니의 맑은 기도가 젖줄이었는데

스쳐가는 바람의 언어로
아버지가 첩을 얻었다는 소문이 일더니

고민에 잠긴 아버지는 숙소를 옮겨
그녀와 함께 고향으로 돌아가
배로 강을 건너다니면서
수진원이라는 농장을 개척했다

그녀는
술수와 간계가 필수품이었고
교만과 방자는 부속품이었다

초하루 보름에는 회사에서 고사를 지냈고
평일에는 점쟁이와 무당을 찾는 것이 소모품이었으니

신실한 할머니 할아버지께는
뼈를 삭이는 고통의 세월이었다

아버지는 가정과 하나님께 등이 되었지만

하늘은 침묵으로 가장 크게 외치었다

큰 아들이 아버지를 등지고
먼 나라로 이민을 갔다
저리고 긴 기다림의 세월이었다

돌아오지 않을 아들을 고대하다가
생이 기울었건만
기다림은 저물지 않아
수진원의 꽃가루는 그리움으로 휘날렸다

그 속에는 크신 분의 가슴이 살고 있어서
해가 시들면
먼데서 돌아오는
아들의 발자욱 소리가 이울줄 몰랐다

오랜 세월 장독 항아리를 어루만지며
장이 익을 때를 기다리다가

맛은 창조주의 쓰라림 속에서 발효되는 것을 보았다

물과 공기와 콩과 소금이
세월의 더께에 곰삭아

하늘의 맛이 깊어지는 것을 알고는

사람은 심부름꾼에 불과하다고 생각하여
자신의 호를 머슴이라고 지었다

땅을 주신 하나님의 음성이
늘 고독 속에서 여울져 왔다

칙 칙 칙 기차를 타고 고향 유지들이 몰려와
땅을 사달라고 간청했을 때

파도처럼
처얼썩
처얼썩
귓가를 때리던 음성

"사라! 사라! 사라!"

마치 하늘에서 땅을 묶어서
눈 앞으로 내려놓는 것 같았다

그때 그 음성을 들려주신 분께
마음을 드리고 싶었다

그리움에 목메이는 눈물로
영혼을 씻어주시는 분께
보답하고 싶었다

죽음의 눈꺼풀이 감기기 까지
눈에 밟히는 게 자식이지만

외아들을 십자가에 못 박은 사랑에 비하면
인간의 사랑은 그림자가 아닌가

아버지는 농장의 수익금을
하늘과 땅으로 돌려 줄
정직한 청지기를 구했다

만나는 사람마다
후계자 이야기를 한 자락 깔고
햇볕에 절인 정성을 담아 주었다

세월 흐르는 간장독에는
희망과 절망이 반반씩 섞여있었다

그 수위에는 후계자의 꿈으로 출렁거리는가 하면
그 바닥에는 인간에의 좌절로 쓰라린 가슴이 엉겨있었고

그 둘을 하나로 녹이는 것은 주고 싶은 마음이었다

수진원은
세인들에게는 인간 욕망의 場이었지만
아버지에게는 ‘하늘이 주신 땅’ 인지라

소유주는 하나님이셨고
자신은 그분의 원대로
정성을 다하여 섬기는 종이었다

정 깊은 사람들에게는
마음 절인 전통장을
선물로 보내 주었고

방문하는 사람들에게는
마음 흐르는 생수를
큰 통에 채워 드리는 것을 보고

별은 눈물이 되어 훽 훽
별똥별로 떨어졌다

아버지의 철저한 사명감이
유언을 미리 돌비에 새기게 하였다

"誠地로서 지켜라"

예기치 않게
생의 난간이 떨며 무너져 내렸다

아버지에게
치매와 파킨슨 병이 왔고
갑작스런 엄마의 죽음으로
몸의 반쪽은 잃었다

엄마는 내게 피울음이었다

바람도 하얗게 꽃잎 떨구며 조문을 하는데
그녀의 언사는 차라리 영혼의 슬픔이었다

"안됐어! 나 때문에 그런건 아니지만"

사람의 영혼을 통찰하시는 분은
슬픔의 깊이가 바다 같아 먹먹 했다

설상가상으로
아버지에게는 대장암과 실어증까지 겹쳐서 내렸다

구원은 그렇게 오고 있었다

영원자의 사랑이
나를 강권하여 기도를 시켰다

수진원의 자갈밭은
구원의 목마름으로
자그락 자그락 밟혔고

가으내 가슴밭은
울컥울컥 간구를 토해냈다

기적이 일어났다

사람도 못 알아보고
말이 열리지 않았던 아버지에게
하늘이 열렸다

예수는 자신의 구세주고
자신은 죄인이라는 것을 고백했다

구원의 꿈이 만조를 이루었을 때
아버지는 영혼의 안식처로 떠났다

한 편의 저미는 시가 되어서

그대 사랑을 아는가
아들을 통해 십자가에 달린 아버지를

길섶의 들풀 같이
돌아오지 않는 아들을 기다리다
그리움 깔고 덮고 한뎃잠 자는
아버지의 눈가에 흐르던 이슬을

새벽 별 뜰 때 까지
젖은 몸을 사랑으로 덥혔다는 것을

그대 사랑을 믿는가

하나님이 인간을 살리기 위해
아들의 살을 찢어 먹이우고
아들의 피를 뽑아 마시우게 한 것을

사랑을 다 쏟을 때 까지
아버지와 아들은

한 맘 한 몸 이었다는 것을

피로 피는 사랑

ㅁ 나와 아버지는 하나이니라(요10:30)

호흡처럼 그분이 계시다

묶음 7

놀라운 분의 작품

누가
조약돌들을 포장하여
성전 문 앞에 두고 갔는데

그 속엔 주보도 있었다

한 돌 한 돌이
놀라운 분의 작품임을 알고

짚이는 데가 있어
성전 안에 바다를 들여 놓았다

매일 보아도
매일 새로워

가슴에 달 수 있고
목에도 걸 수 있게
선물로 진열해 놓았더니

바닷물 소리가

한겨울에도 따습게 흐르고
한여름에도 시리게 출렁여

마음결에 나이테를 만들더니
창조주와 사람 사이에 연결 고리가 되었다

ㅁ하나님이 지으신 그 모든 것을 보시니 보시기에 심히 좋았더라...(창1:31)

관점

법정은
세상의 축소판이고
거짓말의 경연장이다

정의를 위해 입을 열어야 할 증인은
솜털 하나 다치지 않으려고
증언대에 서기를 뱀처럼 피하지만

불의와 연합한 증인은
보스의 입이 되어
죽은 자와 산 자의 명예를 극도로 훼손하고
약한 사람의 재산에 극심한 피해를 입혀
간접 살인의 포문을 열어 놓는다

하나님의 관점으로,

선인 줄 알고도 말하지 않는 침묵자는
불의를 웅변하는 처신이고

악인 줄 알고도 거짓말하는 위증자는
불의를 사수하는 제물이다

누가 하늘의 심판을 피할 수 있으랴

두려워 말라

우리는 세상의 방문객 일 뿐이고
이 짧은 여정을
주께서 의의 길로 인도하신다

ㅁ내 영혼을 소생시키시고 자기 이름을 위하여 의의 길로 인도하시는도다(시23:3)

악인과 의인

악인은
세상의 욕망에 뿌리를 두고 있어

탐욕에 눈멀고
허명에 귀멀어

불법이 삶이지만
법으로 충천하여

오만을 목에 걸고
횡포를 몸에 두르며
협박을 입에 을러대

혀는 하늘 무서운 줄 모르고
땅을 휘젓고 다니며 허당을 파도
형통하여 재산은 불어나지만

하늘은
그들을 미끄러운 곳에 높이 세워
그 추락을 보며 냉소하리라

의인은
세상의 물질로 흥정할 수 없는

영원자의 가슴을
지분으로 삼고 있어

그분만이 힘이라

소득이 적어도
지존자가 채우시어
선을 베풀고

넘어져도
심판자가 붙드시어
의를 행한다

잎사귀는 시들지라도
뿌리는 땅 속 깊이 내려
하늘 가득 가지를 펴리니

땅에서는 하늘 밖에 바랄 것이 없음이라

ㅁ주께서 참으로 그들을 미끄러운 곳에 두시며 파멸에 던지시니(시73:18)

꽃제비가 구슬피 울면 하늘이 젖는다

예수님의 비유 중 부자와 거지가 있는데

이 부자는 귀한 색감의 값진 겉옷과
고운 천의 부드럽고 기능적인 콘셉트로

하루가 길세라 갈아입고
팔색조처럼 자태를 뽐내었다

그의 호화찬란한 저택 문앞에는
온 몸이 헐고 곪은 나사로라는 거지가 버려진 채
그 부자의 상에서 떨어지는 떡 조각으로 배불리려 하자
개들이 와서 그 헌데를 핥았다

세상은 나면서 부터 불공평하지만
죽음은 공평하게 두 사람에게 왔다

나사로는 죽어 아브라함의 품에서 안식하지만
그 부자는 음부에 떨어져 고통을 당한다

부자는 나사로를 문전에서 내어쫓지도 않았고
잔치상의 찌꺼기를 거절하지도 않았지만

그의 죄는

이웃의 배고픔과 병고를 보고도
마음이 동하지 않는 무관심이었다

밀림의 성자 슈바이처는
아프리카를 유럽의 대문 밖에 누운 거지로 생각하여
그곳에서 평생을 바쳤다

하면
제삼국의 대문 밖에 누운 나사로는
사지를 헤메는 탈북고아들이다
가슴 에이는 말로 꽃제비다

이번 탈북청소년 9명이 천신만고 끝에 라오스에 도착해
"북한에서 배고파 죽느니 죽을 각오로 한국에 가려고한다"는
자유의지를 한국대사관에 전화로 알렸지만
"위험하니 하지 말라"고 말렸다

우리 외교부와 대사관은 무사안일로 책임을 회피했지만
북한은 치밀한 북송절차에 따라 급조한 여권과
중국을 경유지로 통과비자까지 발급받아
라오스와 중국이 고아들을 강제북송하도록 하였다

천하보다 더 귀한 생명이

도살장으로 끌려가는 양떼와 무엇이 다른가
이것이 현 정부의 외교 참패고 인권 참사다

저들의 과오는
호의호식에 있는 것이 아니라

개는 배불리 먹이면서도
굶주린 고아에겐 냉엄한 반인륜적 철심이다

인류를 심판하시고 증언하시는 분이
바로 고아의 아버지가 아닌가

꽃제비가 구슬피 울면 하늘이 젖는다

ㅁ또 주린 자에게 네 양식을 나누어 주며 유리하는 빈민을 집에 들이며 헐벗은 자를 보면 입히고 또 네 골육을 피하여 스스로 숨지 아니하는 것이 아니겠느냐(사58:7)

임재

큰 인물은 하늘이 불러야 하고
고난과 시련의 용광로 속에서
영혼의 통증을 단련해야 한다

세상의 모든 꿈이 재가 된 모세에게
놀라운 불꽃 음성이 들려왔다

그가 바로에게 나아 갈 때는

대세도 등졌고
대량의 현금과 현물도 무시했으며
대규모 수행단도 따르지 않았으나

발자국마다 自存者의 권위와 능력이 찍혔다

그 고독한 단독자는
절대자의 혀를 대변했고
전능자의 손을 대행했다

ㅁ하나님이 이르시되 내가 반드시 너와 함께 있으리라...(출3:12)

평화가 흐르는 나라

남왕국 유다의 히스기야 왕은
앗수르 왕 산헤립이 침략하여
하나님을 모독하며 유다를 쥐고 흔들 때
나라의 굴욕을 펴 놓고 기도함으로

하나님께서 앗수르 진영에 사자를 보내시어
십팔만 오천명을 멸하심으로
하룻밤에 막사는 묘지가 되었고

산헤립은 그의 신인 니스록의 신전에서 경배할 때
그의 두 아들이 그를 칼로 쳐 생명이 단축되었으나

히스기야는 생명의 줄이 끊어지려 할 때
침상에서 얼굴을 벽으로 향해 통곡으로 간구하니
죽음의 굴레를 벗어나 수명이 십 오 년간 연장되었다

바벨론 왕이 그를 칭송하기 위해
사절단과 예물을 보냈는데
속셈은 그와 동맹을 맺기 위함이었고

히스기야도 포악한 앗수르에서 벗어나기 위해
신흥 세력인 바벨론과 손을 잡으려고
자기의 재정적 군사적 실력을 과시하려

보물고와 무기고를 다 보여줌으로
국가의 모든 정보가 다 털렸다

이로써 계약을 맺고 있는
하나님께서 심판을 내리셨으니

히스기야 가문의 모든 재산과 재물이
바벨론으로 주소가 옮겨질 것이고
후손 가운데 더러는 그 나라의 포로로 끌려가
왕궁의 종이 될 것이라는 선고였다

호랑이를 피하려다 사자를 만난 격이었다

우리도 가장 호전적인 집단과
한 나라 안에 대치하고 있는 만큼

군 통수권자는 철없이
경제력과 군사력을 과시하여
긴장감을 조성할 것이 아니라

휴전선 백 오십 오마일이
가슴으로 흐르는 통곡의 강이 되어
세세토록 다스리시는 왕 앞에 무릎 꿇고

민족의 뼈 아픈 고통을 드리면
잔인한 산헤립 왕조의 핵도 폐기되리라

무기 위에 세워진 나라는 망해도
기도 위에 세워진 나라는 흥하듯

무기가 지켜주는 나라는 불안해도
기도가 지켜주는 나라는 평안하다

우리의 얼굴을
미국으로 향하지도 말고
중국으로 향하지도 말고
하나님으로 향하면

철조망은 기도망이 되고
지뢰밭은 마음밭이 되어

전운이 뿌려진 한반도가
평화가 흐르는 나라가 되리라

ㅁ보옵소서 내게 큰 고통을 더하신 것은 내게 평안을 주려 하심이라...(사38:17)

말씀은 님의 편지

예수로 물 오른 시 나무

묶음 8

정박

한 생의 불신앙을 뛰어 넘은
나의 아버지는
한 가슴 가득 경외심을 품고
떠나셨다

종착지로 달리는 기차는 그리움에 목이 메고

주인 잃은 장독대는
독마다 정으로 울먹여

수진원의 모든 나무들이 이슬방울을 떨어트리고
수진원의 모든 새들이 꺼억 꺼억 날아가자

마른 갈대 숲을 빠져나오는
바람이 울며 소리하기를

숨쉬는 모든 것들은
들고 날 때가 있지만

창조주는
확고하게 영혼의 닻을 내리시고
당신의 뜻을 굽이굽이 펼치신다

ㅁ...우리가 가진 소망은 영혼의 닻처럼 튼튼하고 견고하여
그 소망을 통해 커튼을 열고 지성소까지 들어가게 한다(히6:19)

한 알 한 알 풀빛 담은
예수 시

그 이름

가물 가물 기억 저편에서도
잊혀지지 않는 이름이 있다

천근만근 입이 열리지 않아도
속으로 생각하는 이름이 있다

출렁출렁 고통의 바다에서도
온몸으로 부르짖는 이름이 있다

호롱호롱 숨겨두는 자리에서도
마지막으로 부를 이름이 있다

그 이름을 부르지 않고 침묵할 수 있는 사람이 있으랴
그 이름에 빚지지 않고 베풀 수 있는 사람이 있으랴
그 이름에 목메이지 않고 노래할 수 있는 사람이 있으랴
그 이름에 죽지 않고 살 수 있는 사람이 있으랴

ㅁ다른 이로서는 구원을 받을 수 없나니 천하 사람 중에 구원을 받을 만한 다른 이름을 우리에게 주신 일이 없음이라(행4:12)

맑은 마음

겨울 하늘 하 청청해 우러르니
맑디 맑은 예수만 가득하네

희고 흰 소망 흩날리는 눈밭 위로
댓잎 지는 소리 하 가슴을 울려

빈 손으로 공손히 받아보니
푸르디 푸른 말씀이 맘을 울렸네

"행복하여라
마음이 깨끗한 사람들,
저들은 하나님을 뵈오리니"(마5:8)

가슴을 적시는
순하디 순한 시 고이 품고
먼 길을 가네

다리놓기 교회

어둠이 내린 땅에 몸을 누이고
사랑이 총총한 하늘 우러른 곳에
하나님의 집이 세워졌듯이

외로운 인생의 산 기슭에서
교회는 겸손과 겸손이 한맘 되는 곳

고달픈 인생의 나그네 길에서
교회는 고통과 고통이 한몸 되는 곳

하늘과 땅을 잇는 다리놓기 천사들이

사람의 기도가 하늘로 모이면
땅의 주소로 답신을 보내려

땅과 맞닿는 다리를 놓고

하나님을 기쁘시게 하고
이웃을 섬기면

하늘과 맞닿는 다리를 놓아

오르락 내리락 하지만

무한한 생명 하늘 향해 불타고
이웃과 살비비며 피를 나누면

하늘은 땅에 내려 앉는다

ㅁ야곱이 아침에 일찍이 일어나 베개로 삼았던 돌을 가져다가 기둥으로 세우고 그 위에 기름을 붓고 그곳 이름을 벧엘(하나님의 집)이라 하였더라(창28:18,19)

눈(雪)

소리없이 와서는
흔적없이 사라지기에
더 섭섭해

선하게 떨어지는
순결한 꽃이기에
더 선선해

햇볕에 녹아버리는
영혼의 만나이기에
더 설설해

ㅁ눈을 양털 같이 내리시며 서리를 재 같이 흩으시며(시147:16)

시(3)

시는
기도로 뿌리를 내리고
눈물로 줄기를 키워내
말씀으로 열매를 맺는
신의 나무

ㅁ푸른 나무에도 이같이 하거든 마른 나무에는 어떻게 되리요 하시니라(눅23:31)

아버지의 땅

별똥 떨어지는
아버지의 땅은
푸른 시선을 위해
주신 분께 돌려드려야 하리

생수 터지는
아버지의 땅은
목마른 영혼을 위해
주신 분께 돌려드려야 하리

논과 밭이 풍성한
아버지의 땅은
허기진 길손을 위해
주신 분께 돌려드려야 하리

두 강이 하나되어 흐르는
아버지의 땅은
한강의 기적을 위해
주신 분께 돌려드려야 하리

ㅁ땅은 영구히 팔지 말것은 땅은 내것임이요
너희는 나와 함께 있는 나그네요 거주자이기 때문이다(레25:23)

옹이 투성이 나무에서 열매가 열린다

하늘의 맑은 소리

묶음 9

오, 아버지!

내가 태어났을 때
할머니는 며느리 방에 군불을 때면서
"또, 딸야!" 하셨다지만
아버지는 제일 먼저 나를 가슴에 안으셨다지

피난갈 때
짐차에 실린 나는
내려누르는 짐의 무게에
숨이 막혀 울지도 못할 때
아버지가 제일 먼저 달려와 품에 안아 주셨지

중학교에 합격했을 때
삶이 팍팍한 시절인데도
아버지는 넘치는 기쁨으로
제일 좋은 시계를 사주셨지

대학에 시험 보러 갈 때
아버지는 제일 일찍 일어나 차를 뎁혀
언니도 데리고 함께 가셨지

점심시간이 되었을 때
떡국 끓여 오라고 심부름 보낸 언니가
차와 함께 늦어지자 안절부절못하신

아버지는 얼어붙은 운동장을 온 몸으로 달구셨지

언니가 도착했을 때
아버지가 떠주신 떡국은

반은 뜨거운 눈물이었고
반은 간절한 기도였었지

점심 식사 후 다시 교실에 들어갔을 때
나는 제일 늦게까지 시험을 보았고
아버지는 끝나는 시간까지
제일 오래도록 운동장에서 기다리고 계셨지

교문을 나설 때
쥐꼬리만한 겨울 해는 지고
파아란 아기별들이 마중 나와 있었지

이제 아버지는 가셨어도

나의 삶이 끝날 때

아버지는 천국 문에서
앞서 간 성도들과 함께
애타게 나를 기다리고 계시겠지

ㅁ사랑은 가실 줄을 모릅니다(고전3:8)

한순갈의 은총

한 숟갈의 된장에도 하나님의 사랑이
연연히 숙성하여
우리의 가난을 먹이고
냉기를 부순다

한 숟갈의 간장에도 아버지의 눈물이
간간히 잦아들어
우리의 슬픔을 누이고
가슴을 적신다

한 숟갈의 고추장에도 겨레의 염원이
절절히 발효하여
우리의 고통을 안고
뜨거움을 마신다

ㅁ가난한 자를 불쌍히 여기는 것은 주께 꾸어 드리는 것이니 그의 선행을 그에게 갚아 주시리라(잠19:17)

땅에서도 누리는 영원한 하늘 집

당신께서 걷어가시면

인생은
바람 앞에 먼지
폭풍 앞에 티끌

아침에 피었다가
저녁에 시드는 풀꽃

당신만이 영원합니다

재산은 소유가 아니라 향유

바칠수록 행복한 것은
정 깊은 하늘이 내려옴이요

섬길수록 아름다운 것은
땅에도 하늘 집을 꾸밈이오니

별처럼 깊고 고운 창을 내고
달처럼 맑고 순한 등을 달며
해처럼 밝고 따순 옷을 입음입니다

ㅁ여호와여 주는 영원히 계시고 주에 대한 기억은 대대에 이르리이다(시102:12)

調和

정의를 택할 것인가
사랑을 택할 것인가

입증을 구할 것인가
진실을 구할 것인가

법을 따를 것인가
양심을 따를 것인가

고뇌가 차면 신을 찾는다

크신 분 안에선

정의와 사랑이 입맞추고
입증과 진실이 손잡으며
법과 양심이 한쌍이다

ㅁ…내 손에서 하나가 되리라…(겔37:19)

귀로

하나님을 떠난 인생은
뿌리 없는 부평초처럼
바람 따라 떠돌고
물결 따라 휘돌다

지친 몸 누일 곳 없는
석양이 물드는 해질녘이면

세상으로 멀었던 눈이
물질로 감겼던 영이
말씀으로 뜨여

스스로에게 돌아와서
하늘과 아버지께
죄인임을 고백하며
붉은 가슴으로 묻는다

아직도 당신은 나로 인해
잠 못 들어 하십니까

아직도 당신은 나로 인해
동구 밖 신작로를 지켜보고 계십니까

우주의 고아는
따스운 눈물
주룩 주룩 흘리는
말씀의 촛불을 켜고
맨 발로 걸어서
아버지에게로 돌아간다

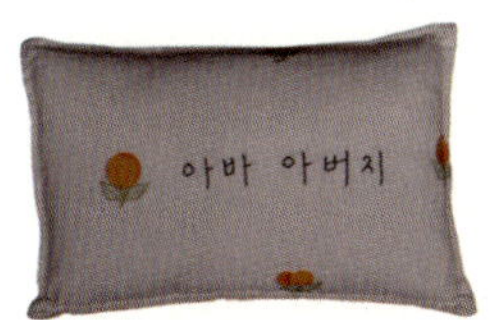

피가 따뜻해지는 호칭

ㅁ이에 일어나서 아버지께로 돌아가니라(눅15:20)

언 세상에 당신이

가도 가도
어둠뿐인 세상에
밝은 빛으로
당신이 오셨습니다

살아도 살아도
슬픔뿐인 세상에
따스운 눈물로
당신이 오셨습니다

알아도 알아도
고통뿐인 세상에
피묻은 사랑으로
당신이 오셨습니다

보아도 보아도
이리뿐인 세상에
천진한 양으로
당신이 오셨습니다

말구유로 오셨다가
십자가로 가셨기에

별은 보석이 되고
무지개는 꿈을 꾸며
생명은 사랑을 노래하고
사랑은 죽음을 이깁니다

가슴에서 우려낸 시

ㅁ세상에서는 너희가 환난을 당하나 담대하라 내가 세상을 이기었노라(요16:33)

아버지의 원대로

인성과 신성을 겸비한 예수께서
겟세마네에서 기도하셨을 때
그도 우리처럼 시험을 받으셨다

온 인류의 죄를 짊어져야 하는 공포와
부끄러운 십자가에 달려야하는 고뇌와
죄짐의 형벌로 하나님과 분리되는 고독이었다

"이 잔을 내게서 옮기시옵소서" 탄원하였을 때

구원은 바닥을 모르는 절망으로 떨어지고
하나님의 꿈은 허공으로 사라졌으리라

그러나
아버지의 소원을 이루어드리는 것이
아들의 가장 절절한 바람이었고

죄인의 구원이
아버지가 주신 가장 쓰라린 잔으로 믿었기에

"나의 원대로 마옵시고
아버지의 원대로 하옵소서"(막14:36)절원하였다

이 심금을 울리는 기도가
아버지의 마음을 관통했다

아들은
아버지의 사랑위에
믿음을 얹고

땀이 피로 저물때까지
세상의 아픔을 껴안고 있는
아버지의 터질 것 같은 심장을 전이했다

아버지의 소원은 아들 속에서 여물었고
아들의 꿈은 아버지 속에서 이루었다

구유에서 십자가까지
아버지를 향한
아들의 사랑은 사위지 않아

세상은

일생을 머리 둘 곳이 없었던 머리에
가시 면류관을 씌웠고

평생을 하나님의 뜻을 행한 손과 발을
신성모독죄로 십자가에 박았고

생애를 죄인을 구원하기 위해 살아온
神을 제물로 불살라 버렸다

단말마의 비명 속에서도
예수의 소원은
아버지의 소원이었다

고통의 밤이
아들의 꿈으로 깊어졌고

생명의 해가
아버지의 원대로 떴다

심판주는 아들을 통해서
세상이 구원 받게 했고

시들지 않는 생명의 열매가
아들의 기쁨을 충만케 했다

오늘의 눈물이

내일의 진주가 된다면

십자가는

아버지의 슬픔과
아들의 물과 피가 섞여

아버지의 원대로 흐르는
생명샘이고

아버지의 심장과
아들의 심장이 합쳐

아버지의 원대로 흐르는
사랑샘이다

|詩評|

상한 시대를 치유하는 생명의 노래

정연홍의 천부와 육친의 사부곡(思父曲)

김상길(목사, 전 국민일보 논설위원 이사)

1. 상처를 치유하는 영원한 생명의 언어

스펜서는 "시는 보통 이상의 한계를 지닌 신성한 본능이며 비범한 영감이다"라고 말했다. 정연홍의 언어를 보면 이 말을 실감한다. 시인은 단순히 사유적이고 종교적인 언어를 구사하지 않는다. 그의 시어에는 비범한 영감이 있다. 그것은 개인의 고통을 공존하는 시대의 상처로 투영시키고 하나님의 섭리와 은혜로 승화시키는 영성이다.

빅톨 프랭클린은 "고통에서 의미를 발견하면 더 이상 고통이 아니다"라고 말했다. 시인은 고통에서 의미를 발견할 뿐만 아니라, 고도의 신앙으로 승화시키고, 삶의 현장에서 역동하는 하나님의 섭리와 축복을 빈사의 백조처럼 절창(絕唱)으로 증거하고 있다. "씀바퀴에도 꿀이 있다"고 했던가. 시인은 고난에서 역동하는 은혜를 발견한다.

종교시, 믿음의 시는 두 가지 세계를 요구한다. 첫째는 창조주의 구원과 섭리를 공감적인 언어로 고백하는 세계가 있어야 한다는 것이며 둘째는 완성도 높은 문학적 세계, 예술적 가치를 보여주어야 한다는 것이다. 그런 의미에서 정연홍은 두 가지 세계를 확보한, 축복받은 시인이다. 무엇보다 시인은 감상적인 자연을 음미하는 서정의 차원을 넘어 상처받은 시대 앞에선 사명자의 경건한 제의적 자세를 보이고 있어 더욱 높이 평가된다.

W.H. 오오든은 "한편의 시는 하나의 의식이다"라고 말했다. 시인은 종교적인 언어 앞에서 참 경건한 사람이다. 그는 시의 제사장이다. 그의 제의적(祭儀的) 시어들을 보면 경건함이 빚어낸 언어들이 아름답다는 생각을 하게 된다. 사도 바울의 권면은 이 시대 정연홍 시에서 이어진다. "그러므로 형제들아 내가 하나님의 모든 자비하심으로 너희를 권하노니 너희 몸을 하나님이 기뻐하시는 산 제물로 드리라 이는 너희가 드릴 영적 예배니라 너희는 이 세대를 본 받지 말고 오직 마음을 새롭게 함으로 변화를 받아 하나님의 선하시고 기뻐하시고 온전하신 뜻이 무엇인지 분별하도록 하라"(롬 12:1-2)

제의적 시어가 가득한 이 시집은 기독교세계관의 제단이다. 이번에 상재하는 '아버지의 원대로'에서 시인의 깊은 내면의 기도를 들을 수 있다. 기도의 본질은 무엇인가. 절대자의 뜻을 구하는 것이 아닌가. 시인은 이 시집에서 한결같이 '아버지의 뜻'을 완성도 높은 시어로 탐색하고 증거하고 있다.

지금까지

사람의 뜻을 이룬 브니엘 기도는 있었어도
당신의 뜻을 이룬 겟세마네 기도는 없었습니다

동이 틀 때까지

십자가를 놓고 경계선을 넘는
통일사업가의 햇살기도는 있었어도
십자가를 지고 골고다를 가는
한민족의 제물기도는 없었습니다

'당신의 뜻을 이루소서' 중

브니엘 기도와 겟세마네 기도, 햇살기도와 제물기도를 대비시켜 소유와 섭리를 증거하는 시인의 언어구사가 경이롭다.

시인에게 있어서 주의 뜻을 이루게 하는 힘은 무엇일까. 그것은 구원받은 존재로서 언약을 확인하는 것이다. 시인은 구원의 노래를 이렇게 부른다.

십자가는 아버지의 뜻이지
아들의 뜻은 아니었다

죽음의 속전은 죽음 뿐이라

사랑이 순종의 동기였고
죽음이 사랑의 결과였다

죽음에 이어질수 있는 사랑만이
아버지의 뜻을 이룰수 있었다

사랑은 죽음을 잉태하고
죽음은 생명을 낳으므로

'구원' 중에서

시인의 구원관은 명확하다. 죽음의 열매다. 희생의 은혜다. 그래서 그 구원을 향한 언약의 복귀가 진정한 가치며, 그 진정한 가치를 감동적이고 은혜로운 시어로 노래한다.

말씀에는
순종하는 자녀들에 대한
하나님의 사랑이
진주처럼 글썽이고 있어

중략

하늘 아버지께는
가르지 못할 바다가 없고
이루지 못할 언약이 없다

'언약' 중에서

기독교세계관의 집약을 보여주는 이 시집에서 시인이 결론적으로 증거하고 싶어하는 것은, 언어의 치유를 통한 생명의 회복이다. 그것은 한마디로 사랑이다. 정연홍은 사랑의 시인이다. 사랑의 회복이 생명의 분배임을 그는 믿는다. 그래서 시마다 그것을 외친다.

사랑은
그 죽음 안에
생명이 있더라

예수를 사랑하면
그의 죽음도 내 안에 살고
세월이 감기면
생명도 깊어져
눈물진 강물에 쓸려
빛나는 진주를 생성하고

'사랑은 생명' 중에서

십자가는
사랑의 꽃

그 눈물이
한 방울 한 방울
마음을 적시면
죄가 씻기고

그 핏물이
한 방울 한 방울
가슴을 물들이면
생명이 다시 핀다

사랑이
눈부시다

'십자가' 중에서

어디 이 시들 뿐인가. 그의 시들은 생명과 사랑의 노래들로 가득하다. '생명의 향기', '다시 하는 첫사랑', '내리 사랑', '종의 사랑', '말씀 사랑', '사랑은 하나'에서 보면 잘 나타나고 있다. 그의 제의는 사랑의 제단을 갖추고 있으며 그의 기도는 생명의 향을 피우고 있다.

시인은 마치 눈물을 시내처럼 흘리면서(애3:48) 민족 공동체를 걱정하고 사랑한 선지자 예레미야처럼, 금송아지가 있었던 "벧엘이나 브엘세바, 길갈로 가지 말라. 너희는 야훼를 찾으라. 그러면 살리라"(암 5:4)고 외친 아모스처럼 '땅의 것'을 찾으며 병들어가는 현대사회와 현대인들을 향해 진정한 사랑과 생명의 가치, 그 영원성을 분연히 증거하고 있는 것이다.

2. 사부곡(思父曲) - 그 영원하고 아름다운 기도

애절한 사랑은 노래가 되고 시가 된다. 혈연관계에서 비롯된 사랑은 더욱 그렇다. 시인은 이번 시집을 통해 돌아가신 선친 정두화 수진원(修眞園) 회장에 대한 그리움을 절절히 노래하고 있다.

수진원은 양평에 위치한 농장이다. 시인의 선친은 말표 구두약의 창업자다. 정말 말처럼 잘 나가던 50대 중반, 그는 경영을 접고 고향에 콩을 심고 장을 담갔다. 수진원의 슬로건은 "모든 생명은 하늘로부터 온다"였다. 그래서 자신의 호도 '머슴'이라고 지었다. 하늘과 땅과 생명을 아는 그도 시인이 아니었던가.

선친은 애국자였다. 강직하고 검소했다. 그는 평소 차를 가지고 다니지 않았다. 매스컴에 광고 한번 안 하기로 유명한 사업가였다. 그 돈이면 가난한 사람 한 사람이라도 더 도와주어야한다는 철학 때문이었다.

무거운 짐을 지고 가파른 고갯길을 넘어가는 아버지-. 이 시대의 아버지 자화상이다. 시인은 그 누구보다 아버지를 이해하고 사랑했다. 아버지의 영혼과 시대의 아픔도 사랑했다. 무엇보다 아버지에 대한 사랑을 단순히 육신의 아버지로 이어가지 않고 영생을 얻은 중생의 존재로 인식하고 표현하고 있다. '가슴에 품고 온 시'를 보면 종교에 귀의하는 아버지를 얼마나 소망하고 있는가가 잘 나타나 있다.

사람이 죽으면
육신은 땅에 누이고
그리움은 안아 가슴에 품는다

아버지는
나의 생각과 기도 속에서
한번도 빠져본 적이 없었다

한평생 걸었던 묵상의 길도
종착지는 생명의 나라였다

'가슴에 품고 온 시' 중에서

시인에게 있어서 아버지는 언제나 사랑을 안고 기다리는 모습이다. 그것은 천부의 모습을 닮은 것일까.

돌아오지 않을 아들을 고대하다가
생이 기울었건만
기다림은 저물지 않아
수진원의 꽃가루는 그리움으로 휘날렸다

그 속에는 크신 분의 가슴이 살고 있어서
해가 시들면
먼데서 돌아오는
아들의 발자국 소리가 이울 줄 몰랐다

'가슴에 품고 온 시' 중에서

(대학에 시험 보러 갈 때)

점심 식사 후 다시 교실에 들어갔을 때
나는 제일 늦게까지 시험을 보았고
아버지는 끝나는 시간까지
제일 오래도록 운동장에서 기다리고 계셨지

. . . .

이제 아버지는 가셨어도

나의 삶이 끝날 때

아버지는 천국 문에서
앞서 간 성도들과 함께
애타게 나를 기다리고 계시겠지

'오, 아버지!' 중에서

그러나 시인의 사부곡은 연민의 정으로만 끝나지 않는다. 선친의 인생을 재조명하고 인생의 근간이었던 철학이 이 땅에서 '아버지의 원대로' 구현되기를 간절히 바란다. 이것이 아버지를 그리워하는 딸의 진정한 모습이며, 물질만능으로 세속화되어가는 현대 사회의 가치며, 문학적 가치를 더해주는 값진 산물이다. 그것이 '아버지의 땅'에서 잘 나타난다. 토지는 개인 소유의 개념이 아니라, 은혜를 나누는 공개념으로 인식하고 하늘의 뜻과 공동체를 위해 돌려주어야 한다는 철학이 시어로 빛을 본 작품이다. 혈연의 정을 표현하는 시를 넘어 기독교 문학의 한 차원을 끌어올린 수작이다. 바로 정연홍의 예술의 세계와 문학의 가치를 보여주는 탁월한 작품이기도 하다.

별똥 떨어지는
아버지의 땅은
푸른 시선을 위해
주신 분께 돌려 드려야 하리

생수 터지는 아버지의 땅은
목마른 영혼을 위해
주신 분께 돌려 드려야 하리

논과 밭이 풍성한
아버지의 땅은
허기진 길손을 위해
주신 분께 돌려 드려야 하리

두 강이 하나되어 흐르는
아버지의 땅은
한강의 기적을 위해
주신 분께 돌려드려야 하리

'아버지의 땅' 전문

언어에는 두 가지가 있다. 일시적인 것과 영원한 것. 정연홍 시인이 그렇게 기도하며 연금하듯 다루는 언어는 생명이 담긴 영원한 언어다. 천부와 육친의 사무친 그리움을 담은 '아버지의 원대로' 시집은 영원한 언어가 별처럼 담겨 있다.

아버지의 원대로

초판인쇄 | 2014년 3월 17일
초판발행 | 2014년 3월 24일

지은이 | 정연홍
펴낸이 | 유화선

펴낸곳 | 도서출판말씀(www.malsseum.com)
e-mail | malsseum@malsseum.com
출판등록 204-91-88718 | 대표 정연홍
서울시 중랑구 동일로 130길 71(중화동)
Tel (02)433-1433 Fax (02)433-9033

값 11,000원

*저자와 협의하여 인지는 생략합니다
*잘못된 책은 바꾸어 드립니다

이 도서의 국립중앙도서관 출판사도서목록(CIP)은 서지정보유통지원시스템 홈페이지(http://seoji.nl.go.kr)와 국가자료공동목록시스템(http://www.nl.go.kr/kolisnet)에서 이용하실 수 있습니다.(CIP제어번호: CIP2014004740)

아버지의 원대로

아버지의 원대로